백운동원림 정선대가 끝내주다

2025

백운동원림 정선대가 끝내주다

김재석 시집

사이재

시인의 말

『백운동원림』이란 제목으로
시집과 시조집(김해인)을
세상에 내던진 적이 있다

그것으로 부족하여
『내가 백운동원림이라면』이라는 시집을
세상에 또 내던졌다

동일한 제목을 피하기 위하여
이번에는
『백운동원림 정선대가 끝내주다』는 시집을
세상에 또 내던진다

백운동원림에 대한 시집을
세 번째가 아닌
네 번째
세상에 내던지는데
세상이 나에게 뭐라고 할까

궁금하지 않다면
거짓말이다

2025년 여름
일속산방一粟山房에서
작시치作詩痴 김재석

차례

백운동원림 정선대가 끝내주다

시인의 말

1부

서시 13
백운동원림이 시키지도 않은 일을 하는 15
꿈에 본 백운동원림 17
백운동원림 20
백운동원림이 일가를 이루다 22
백운동원림 정선대가 끝내주다 24
취미선방이 밤 늦도록 잠 못 이루다 26
모란체와 모란이 피기까지는 28
자이당은 취미선방의 멘토 아닌 멘토이다 30
백운동원림과 달 32
백운동원림이 불쾌한 추억에 시달리다 34
백운동원림이 법고창신을 모를 리 없다 36
백운동원림 배롱나무 38
백운동원림이 목마를 때 40
백운동원림 42

2부

취미선방 파초 45

백운동원림 감나무 46

자이당 접시꽃 48

백운동원림 석류 50

용트림하는 뽕나무 52

취미선방 봉선화 54

유상곡수 수련 56

산다경 동백나무들이 나를 알아보다 58

다람쥐는 누구의 눈치를 보기 위해서 태어난 게 아니다 60

단풍나무 아래서 62

자이당과 이효윤 시인 64

백운동원림은 누구도 업신여기지 않는다 66

용트림하는 대나무 68

내가 백운동원림에서 코를 킁킁거리고 다니는 이유를 70

한계가 있다 72

백운동원림 꽃나무들이 활약하는 시기가 다르다 74

금목서꽃은 나비와 마주친 적이 없다 76

수소실守素室실이 나에게 차 한 잔을 권하다 78

맥문동 80

3부

무위사가 다시 날개를 달다 83
극락보전이 안도의 숨을 쉬다 85
무위사 가는 길 87
극락보전 89
월남사지삼층석탑이 기여하다 91
월남사지삼층석탑이 빛이 바랠 것 같아도 93
백련사는 지지 않는 연꽃이다 95
백련사와 다산초당은 서로 멘토다 96
다산초당이 사라진 뿌리의 길에 대하여 입을 봉하다 98
다산초당의 사유의 깊이를 잴 수가 없다 100
남미륵사를 찾다 102

4부

갈대는 시치미의 달인이다 107
강진만 갈대밭에서 108
강진만과 나 110
가우도 112
가우도 봉선화 113
가우도 114
가우도의 밤 116
가우도의 아침 118
가우도 후박나무 120

가우도의 달 122
가우도 방파제 124
꽃게 한 마리 126
가우도에서 영랑을 만나다 128
가우도 꿩독바위 130
별이 빛나는 밤에 132
가우도 왜가리 134

1부

솟을대문

서시

시가 고프면
백운동원림을 만나면 된다

백운동원림을 만나면
영랑생가 못지않게
많은 시를 나에게 안겨 준다

그 동안
백운동원림이
나에게 안겨 준 그 많은 시가
그걸 입증하고도 남는다

시도 때도 없이
아무 때나 찾아가도
백운동원림이 싫은 내색을 않지만
늦은 밤은 피해야 한다

백운동원림이
나를 도둑으로 몰지는 않겠지만
오해살 일은
절대로 하지 않아야 한다

시가 고프면
백운동원림을 만나기만 하면 된다

백운동원림이 시키지도 않은 일을 하는

다산과 제자들이 의기투합하여 낳은
백운동 12경의 제목을 차용하여
시로 낳은 적이 있다

시로 낳는 것으로 부족하여
삼장육구 십이음보 사십오자 안팎으로
낳은 적도 있다

백운동 12경으로 부족하여
백운동 12경 외 백운동의 풍경을
시로도 낳고
시조로도 낳았다

백운동원림과 동고동락하는
꽃나무와 화초들을
시로도 낳고
시조로도 낳았다

죽어도
못 말리는
나

백운동원림이 시키지도 않은 일을 하는

재미가

쏠쏠하다

* 백운동 12경
옥판봉玉板峰, 산다경山茶經, 백매오百梅塢, 취미선방翠微禪房, 모란체牧丹砌, 창하벽蒼霞壁, 정유강貞蕤岡, 풍단楓壇, 정선대停仙臺, 홍옥폭紅玉瀑, 유상곡수流觴曲水, 운당원篔簹園

꿈에 본 백운동원림

백운동원림을 뵐 때마다
유상곡수를 즐길 기회를
갖지 못하고
돌아서는 발길이 서운하지 않았다면
거짓말이네

해와 달 별빛을 챙긴
단풍으로 도배한
백운동원림을
꿈길에 뵙게 될 줄이야

다산과 초의, 치원과 자이당을 비롯하여
다산의 제자들이
연못에 둘러앉아
시문을 나누네

나도
그 틈에 끼어
유상곡수를 즐기는데
내 앞에 술잔이 도달하지 않네

술잔이
내 앞에 도달하면
시를 들려주고 싶은데
술잔이
내 앞에 도달하지 않으니
답답하네

하지만
내 앞에 술잔이 도달하여
내가 시를 즉흥적으로 낳는다 하여도
다산과 초의, 치원과 자이당을 비롯하여
다산의 제자들이 즉흥적으로 낳은 한시가
내게 다가오지 않듯이
현대시인
내 시도 그들에게 다가서지 않을 것이네

좀처럼
술잔이
내 앞에 도달하지 않는 것도
유상곡수가
다 나를 배려한 것이네

시는 내 편이나
술은 내 편이 아니라는 걸
꿈길에 뵌 백운동원림이
가르치네

백운동원림

백운동원림이
누군가의 부러움을 사면 샀지
누군가를 부러워하지 않을 것이다

만에 하나
백운동원림이
누군가를 부러워한다면
누군가의 학식이지
누군가의 외모는 아니다

다산초당은
다산사경으로 만족해야 하지만
백운동원림은
백운동 십이경으로도 만족하지 못한다

다산초당이
내색을 안 해서 그러지
다산초당도
백운동원림이 부러울 것이다

백운동 십이경 다 들이대지 않아도

먼 걸음을 한 길들을 맞이하고 배웅하는
창하벽 하나만으로도
먼 걸음을 한 길들의 입을 벌어지게 하지 않는가

백운동원림이
누군가의 부러움을 사면 샀지
누군가를 부러워하지 않을 것이다

백운동원림이 일가를 이루다

강진의 저명인사 가운데
더위를 물리치는 데
일가를 이룬 이는
계곡을 옆구리에 낀 백운동원림이다

더위를 물리치는 데
다산초당도 일가를 이루었지만
백운동원림을 따라잡지 못한다

더위 먹은 옥판봉과
눈빛을 주고받는
백운동원림이 낳은 정선대가
옥판봉에게 미안해 할 정도로
백운동원림은 더위와 거리가 멀다

백운동원림이 낳은
백운동원림에 자리 잡은 승경勝景 중
어느 승경이
더위 때문에 열 받고
숨을 헐떡이는 걸 본 적이 없다

백운동원림이
먼 걸음을 한 길들의 발걸음이 끊기지 않으니
품위를 지키느라
더위에도 열받지 않고
숨을 헐떡이지 않는 게 아니다

내 말이
참인가 거짓인가
땡볕에
백운동원림을 찾아가 보면 안다

강진의 저명인사 가운데
더위를 물리치는 데
반열에 오른 이는
계곡을 옆구리에 낀 백운동원림이다

백운동원림 정선대가 끝내주다

백운동원림 정선대가 끝내준다

정선대가
끝내주지 않으면
누가 끝내주겠는가

정선대가
백운동원림을
한눈에 내려다보는 걸
두고 하는 말이 아니다

정선대가
옥판봉과 눈빛을 주고받는 것을
두고 하는 말이다

옥판봉과
눈빛을 주고받는 게
정선대뿐인가

정선대를 찾은
먼 걸음을 한 길들도

옥판봉과 눈빛을 주고받는다

옥판봉이
정선대와 눈빛을 주고받는지
정선대를 찾은
먼 걸음을 한 길들이
옥판봉과 눈빛을 주고받는지
헷갈릴 정도다

정선대와
먼 걸음을 한 길들을 이간질한다는
오해를 살까 무섭다

옥판봉이
정선대와 눈빛을 주고받고
정선대를 찾은
먼 걸음을 한 길들과도
눈빛을 주고받는 게 맞다

백운동원림 정선대가 끝내준다,
그야말로

취미선방이 밤 늦도록 잠 못 이루다

백운동원림이 낳은
취미선방이
밤이 깊도록 잠 못 이루고 있다

자이당이 뒤에서 지켜보기에
언제나
자세를 똑바로 해야 하기에
잠 못 이루고 있는 게 아니다

다시 태어난 백운동원림이
전통과 개인의 재능 둘 다 챙겨야 하는데
전통과 개인의 재능의 비율이
어느 한 쪽에 치우쳐서는 안 되기에
고민이 깊은 것이다

전통은
백운동원림의 지나간 미래요
개인의 재능은
백운동원림의 다가올 과거란 걸
누구보다 잘 알고 있는 이가
취미선방이다

지나간 미래는
구태의연, 천편일률과 가까이 지내고
다가올 과거는
낯섦과 가까이 지낸다는 것 또한
취미선방이 모를 리 없다

백운동원림이 낳은
취미선방이
밤이 깊도록 잠 못 이루고 있다

모란체와 모란이 피기까지는

백운동원림은
다산에게 「모란체」를 안겨 주고
영랑생가는
영랑에게 「모란이 피기까지는」을 안겨 주었다

다산과 영랑이 시대를 달리하니
「모란체」와
「모란이 피기까지는」 중
누가 더 낫다는 말을 뱉어서는 안 된다

한복 입은
한시인 「모란체」와
양복 입은 현대시인
「모란이 피기까지는」은
서로 비교 대상이 아니다

영랑생가의 얼굴 마담은
모란이나
백운동원림의 얼굴 마담은
모란이 아니다

영랑생가는
영랑에게 「모란이 피기까지는」을 안겨 주고
백운동원림은
다산에게 「모란체」를 안겨 주었다

자이당은 취미선방의 멘토 아닌 멘토이다

자이당은 취미선방의 멘토 아닌 멘토이다

자이당은 취미선방의 그냥 멘토 아닌
멘토 아닌 멘토인 건
한 식솔이어서다

취미선방이 갈 길이 어려울 때
자이당이 뒤에서 팍팍 밀어준다

팍팍 밀어주는
자이당이
언제나 뒤에서 지켜보기에
취미선방은
허튼 생각을 할 수가 없다

취미선방이 갈 길이 어려울 때
자이당이 뒤에서 밀어주지만
자이당이 갈 길이 어려울 땐
누가 뒤에서 밀어줄까

누가 뒤에서 밀어주긴

무덤 속에 누워 계신
이담로, 이담로 어르신이지

자이당은 취미선방의 멘토 아닌 멘토이다

,

백운동원림과 달

비밀의 정원인 백운동원림을
달이
언제나 쉽게 찾는 게 아니다

이따금
백운동원림을 찾느라
달도 헤맨다

백운동원림이
흰구름만 상대하는 게 아니라
먹구름도 상대한다

구름을 상대하는데
백운동원림,
백운동원림의 입맛대로 되는 게 아니다

구름에 갇힌 달이 헤맬 때
백운동원림의
마음이 편할 리가 없다

백운동원림이

안절부절못하는 일들 중의 하나는
달이 자신을 찾느라 헤맬 때다

비밀의 정원인 백운동원림을
달이
언제나 쉽게 찾는 게 아니다

백운동원림이 불쾌한 추억에 시달리다

다시 태어난
백운동원림이
불쾌한 추억에 시달릴 때가 있다

이념의 희생양인
6·25한국전쟁 중에
인천상륙작전으로 전세가 역전되자
인민군들이 후퇴하는 중에
낮에는 경찰의 세상이 되고
밤에는 밤손님들의 세상이 된 곳들이 있었는데
그곳들 중의 하나가
바로 백운동원림이었다

살아남기 위하여
마지못해
밤에
밤손님들의 말을 들어줄 수밖에 없었다

어떤 세상에서든
누구든
살아남아야

살아남아야만
훗날을 기약할 수 있다

세상에
밤손님 아닌
경찰에 의하여
백운동원림이 전소될 줄이야

다시 태어난
백운동원림이
불쾌한 추억에 시달릴 때가 있다

백운동원림이 법고창신을 모를 리 없다

백운동원림이 법고창신을 모를 리 없다

백운동원림이 사유를 업그레이드하느라
남다른 노력을 하고 있을 것이다

눈에 보이지 않아서 그러지
백운동원림이
티를 내지 않아서 그러지
각고의 노력을 기울일 것이다

사유도
AI의 시대에 걸맞게 해야 한다는 걸
신세대의 사유를
무조건 배격할 수 없다는 걸
백운동원림이 모를 리가

전통과 개인의 재능 중에
지금은
개인의 재능을 중시해야 할 때라는 걸
누구보다 잘 아는 이가
백운동원림이다

백운동원림이 온고이지신을 모를 리 없다

백운동원림 배롱나무

백운동원림의
구색을 맞추기 위해서
배롱나무가 얼굴 내민 게 아니다

백련사 얼굴 마담은
만경루 앞마당 배롱나무라는 걸
모르는 이가 없다

백운동원림 배롱나무 역시
백련사 얼굴마담 배롱나무 못지않게
백운동원림이
더위를 물리치는 데
기여할 뿐만 아니라
먼 걸음을 한 길들의 눈도
호강하게 해 준다

백운동 십이경 중에
배롱나무가 없는 건 유감이지만
이제라도
백운동 십삼경에
배롱나무를 노래한 시를 추가하면

좋을 것이다

더위에는 유리하지만
추위에는 불리한
배롱나무의 몸통이
우리에게 시사하는 바가 많다

백운동원림의
구색을 맞추기 위해서
배롱나무가 얼굴 내민 게 아니다

백운동원림이 목마를 때

백운동원림이 목마를 때
갈증을 해소키켜 주는 건
흰구름 아닌
먹구름이다

백운동원림이
자신의 갈증을 해소시켜 주는 데
먹구름이 기여한다는 걸
모를 리 없다

구름 한 점 없는
맑디맑은 하늘은
흰구름은
백운동원림이 목마를 때
갈증을 해소시켜 주지 못한다

세상이
모순으로 가득 차 있다는 걸
백운동원림이 깨우치는 데
흰구름 아닌
먹구름이 기여했을 것이다

백운동원림이 목마를 때
갈증을 해소시켜 주는 건
흰구름 아닌
먹구름이다

백운동원림

이따금
백운동원림이
누군가를
만나러 다니는데

물어보나 마나
알아보나 마나

무위사 아니면
월남사다

이따금
누군가가
백운동원림을
만나고 가는데

물어보나 마나
알아보나 마나

무위사 아니면
월남사다

2부

자이당

취미선방 파초

파초 잎에 후둑이는
빗방울 소리를 듣기 위해
취미선방이
파초를 모셨을 리가

파초 잎이 먼저인지
코끼리 귀가 먼저인지
궁금할 수밖에

파초 잎이 먼저이면
코끼리가
파초를 표절한 것이고

코끼리가 먼저이면
파초가
코끼리를 표절한 거고

파초 잎을 닦달하는
빗방울 소리를 듣기 위해
취미선방이
파초를 모셨을 리가

백운동원림 담장 밖 감나무

정선대 만나러 가는 길에
오랜 세월 버티고 있는 감나무는
나이 꽤나 잡수셨다

정선대가
옥판봉과 눈빛을 주고받느라
감나무에게
신경을 쓰지 않을 것 같아도
그렇지 않다

병아릿빛 감꽃이 얼굴 내밀 때부터
꽃 진 자리에 열매가
해와 달 별빛을 챙기는 걸
정선대가 다 지켜보고 있다

정선대와 눈빛을 주고받는
옥판봉은
정선대의 눈을 즐겁게 해 주지만
감나무는
정선대의 입을 즐겁게 해 준다

해와 달 별빛을 챙긴 감나무 열매들을
까치가 직박구리가
손상시킬 때마다
속이 타지만
정선대가 나서지 않는 것은
막을 방도가 없어서다

정선대 만나러 가는 길에
오랜 세월 버티고 있는
나이 꽤나 잡순 감나무는
지혜가 가득하다

자이당 접시꽃

자이당이 공부하는 데
접시꽃이 지장을 초래할까
걱정을 하는
먼 걸음을 한 길들이 없지 않아 있다

자이당의 눈을
호강하게 해 줄 뿐만 아니라
먼 걸음을 한 길들의 눈을
호강하게 해 주는
자이당 접시꽃

자이당 접시꽃보다
더 아름다운 접시꽃을
어디서 보지 못했다 하면
나보다 아첨한다 하니
속으로 속으로만 생각해야겠다

자이당 접시꽃이
세상에서
가장 아름다운 접시꽃이라는 것이
세상에 알려졌다간

손탈 수 있으니 내색을 말아야 한다

세상에서
가장 아름다운 접시꽃이면서
가장 야한 접시꽃인
자이당 접시꽃을 눈에 담느라
정신 없는 나

자이당이 공부하는 데
접시꽃이 지장을 초래할까
걱정을 하는
먼 걸음을 한 길들이 없지 않아 있다

백운동원림 석류

백운동원림 석류는
해와 달 별빛만 챙긴 게 아니라
새소리와 물소리도 챙긴 게
분명하다

열매가
해와 달 별빛과
새소리와 물소리를 챙겨
어떻게 다루기에
보석, 보석이 태어나는가

석류 한 개는
한 편의 시이고
석류나무 한 그루는
한 권의 시집인 것을

해와 달 별빛을
새소리와 물소리를
석류만 챙긴 게 아닌데
보석, 보석을 낳는 것은
석류뿐이니

백운동원림 석류는
해와 달 별빛만 챙긴 게 아니라
새소리와 물소리도 챙긴 게
분명하다

용트림하는 뽕나무

용트림하는 배롱나무는
영랑생가에서 처음 보고
용트림하는 뽕나무는
백운동원림에서 처음 봤다

아무나 맛볼 수 없는
유상곡수를 가까이하더니
뽕나무도
용트림을 하게 되었나

오디, 오디가
땅바닥을
검게 도배하기 전에
오디를 챙길 방법을 강구해야지

오디가
해와 달 별빛을 챙길 대로 챙기면
검게 되는 이유도
알아내야지

용트림하는 배롱나무는

영랑생가에서 처음 보고
용트림하는 뽕나무는
백운동원림에서 처음 봤다

취미선방 봉선화

봉선화가 피었다가
시들어 사라져버리는 것보다
봉선화가
누군가의 손톱을 물들여 준다면
이보다 좋을 수가 없지

봉선화가
누군가의 손톱만 물들여 주는 게 아니라
누군가의 발톱도 물들여 준다면
봉선화가 어디서나
대접을 받겠지

취미선방 봉선화는
누군가의 손톱을
누군가의 발톱을 물들여 주고
생을 마칠까

그냥
피었다가
시들어 사라져버릴까

곧 죽어도
취미선방 봉선화인데
아무런
자취도 남기지 않고 사라질 리가

봉선화가
누군가의 손톱을
누군가의 발톱을 물들여 주고
생을 마치지는 못할지라도
누군가의 마음을 붉게 물들여 주고
생을 마치겠지

유상곡수 수련

달걀 흰자와 노른자로 낳은
꽃같다

덩치는 작아도
귀티가 난다

어쩌다
유상곡수와
동고동락하게 되었나

수련이
실력을 발휘하는 때는
비 온 뒤인 것을

흰구름이 나이 들면
먹구름이 되고
먹구름이 혀를 깨물거나
가슴을 쥐어뜯으면
비가 되는 것을
수련이 알고 있을라나

달걀 흰자와 노른자로 태어난
꽃같다

산다경 동백나무들이 나를 알아보다

쪽쪽 쪽쪽 쪽쪽 쪽쪽 쪽쪽 쪽쪽

산다경 동백나무들이
나를 그냥 알아본다,
동백꽃똥구멍쪽쪽빠는새인 나를

쪽쪽 쪽쪽 쪽쪽 쪽쪽 쪽쪽 쪽쪽

동백꽃이
얼굴 내밀지 않은 계절에도
나를 그냥 알아보는 걸 보면
동백나무들의 뇌리에
내가 각인돼 있다는 거다

쪽쪽 쪽쪽 쪽쪽 쪽쪽 쪽쪽 쪽쪽

동백나무들의 뇌리에만
내가 각인돼 있는 게 아니라
동박새와 직박구리의 뇌리에도
내가 각인돼 있는 게 분명하다

쪽쪽 쪽쪽 쪽쪽 쪽쪽 쪽쪽 쪽쪽

동백숲을 지날 때마다
암구호처럼
쪽쪽을 반복하는
못 말리는 나

쪽쪽 쪽쪽 쪽쪽 쪽쪽 쪽쪽 쪽쪽

산다경 동백나무들이
나를 그냥 알아본다,
동백꽃똥구멍쪽쪽빠는새인 나를

다람쥐는 누구의 눈치를 보기 위해서 태어난 게 아니다

백운동원림에서 나와 조우한
다람쥐는
누구의 눈치를 보기 위해서
태어난 게 아니다

나에게 적당한 거리를 두고 있는
다람쥐는
나를 경계하는 거지
나의 눈치를 보는 게 아니다

다람쥐가
경계를 하는 것과
다람쥐가
눈치를 보는 것은 전혀 다르다

다람쥐가
나의 부러움을 살 때가 있는데
뽀르라니
나무를 오르내리는 재주 때문이다

백운동원림에서 나와 조우한

다람쥐는
누구의 눈치를 보기 위해서
태어난 게 아니다

단풍나무 아래서

청단이 풍단 못지않다는
말은 할 수 있어도
청단이 풍단보다 낫다는
말은 할 수 없다

단풍잎이
해와 달 별빛을 챙겨
들통나지 않은 게
청단이다

단풍잎이
해와 달 별빛을 챙겨
들통난 게
풍단이다

청단이
풍단이 되기까지는
해와 달 별빛만 기여한 게 아니라
물소리도 새소리도 기여하였다

청단이 풍단보다 낫다는

말은 할 수 없어도
청단이 풍단 못지않다는
말은 할 수 있다

자이당과 이효윤 시인

자이당은
백운동원림의 지나간 미래 중의 한 분이고
이효윤 시인은
백운동원림의 다가온 과거 중의 한 분이다

자이당이 누구인지 말할 수 있는 자도
백운동원림이고
이효윤 시인이 누구인지 말할 수 있는 자도
백운동원림이다

자이당은
백운동원림이 잘나가던 시절에
백운동원림의 품에서 비상할 수 있었다

이효윤 시인은
6·25한국전쟁 뒤
백운동원림이 많이 주춤하던 시절에
대처로 떠나
꿈을 펼치다가
『빈집』이란 시집을 세상에 내던지고
생을 마쳤다

언젠가
백운동원림이
자이당의 문집 곁에
이효윤 시인의
『빈집』을 나란히 놔둘 날이 올 것이다

자이당은
백운동원림의 지나간 미래 중의 한 분이고
이효윤 시인은
백운동원림의 다가온 과거 중의 한 분이다

백운동원림은 누구도 업신여기지 않는다

사서삼경을 가까이한
백운동원림은
누구도 업신여기지 않는다

빈 잔을 들 때도
가득차 있는 잔처럼 드는
백운동원림이
누구와 각을 세우겠는가

6·25한국전쟁 중에 수난을 겪은
백운동원림이
이제는 어떤 세상이 와도
화를 입지 않을
대책을 간구했음에 틀림없다

강산이개江山易改 본성난개本性難改를
모를 리가 없는
백운동원림이
삶이 부조리한 걸
누구보다 먼저 깨우쳤을 것이다

사서삼경을 가까이한

백운동원림은

누구를 업신여기지 않는다

용트림하는 대나무

운당원
무리에서 벗어난
대나무가 용트림을 하고 있다

키 작은
대나무가 용트림을 하는 걸 보면
용트림과 키와는
아무런 관계가 없다

뽕나무가 용트림을 하고
멀지 않은 곳에서
대나무가 용트림을 하는 것은
유상곡수와 관련이 있다 하면
속신이라 할 것이다

유상곡수가
뽕나무와
대나무에게 영향을 미쳐
용트림을 한다는 생각에 다다른
먼 걸음을 한 길이
몇이나 될까

운당원
무리에서 벗어난
대나무가 용트림을 하고 있다

내가 백운동원림에서 코를 킁킁거리고 다니는 이유를

최근에
내가 백운동원림에서
코를 킁킁거리고 다니는 이유를 아는
먼 걸음을 한 길은
나 외에 세상에 아무도 없을 것이다

백운동원림의 지나간 미래 아닌
아직은 다가온 과거인
이효윤 시인의 흔적을 찾으려고
코를 킁킁거리고 다니는 걸
먼 걸음을 한 길들 중에
어느 길이 알겠는가

백운동원림이
대처로 내보낸
빈집의 시인 이효윤 시인이
얼마나 큰 시인인지 아는
먼 걸음을 한 길은 별로 없다

한때
중앙의 시인 누구와도

어깨를 나란히 할 정도로
좋은 시를 뱉어낸
이효윤 시인이
'빈집'이란 시집을 세상에 내던지고
생을 마무리한 지도 오래됐다

최근에
내가 백운동원림에서
코를 킁킁거리고 다니는 이유를 아는
먼 걸음을 한 길은
나 외에 세상에 아무도 없을 것이다

한계가 있다

나뭇잎들이
해와 달 별빛을 챙기는 데도
한계가 있다

백운동원림의
나뭇잎들은
해와 달 별빛만 챙기는 게 아니라
새소리와
물소리도 챙기지 않는가

모르긴
몰라도
구름빛도 챙길 것이다

먼 걸음을 한 길들의
눈빛,
눈빛도 챙길 것이다

나뭇잎들이
해와 달 별빛을 챙기는 데도
한계가 있는데

새소리,
물소리,
구름빛,
눈빛까지 챙기면
한계가 더 빨리 올 것이다

백운동원림 꽃나무들이 활약하는 시기가 다르다

백운동원림
꽃나무들이 활약하는 시기가 다르다

꽃나무들이 한꺼번에 활약하고
꽃나무들이 한꺼번에 쉬는 게 아니라
꽃나무들이 계주하듯
꽃나무들이 활약하는 시기가 다르다

봄이 오기 전에 활약하는
꽃나무들이 있고
봄에 활약하는
꽃나무들이 있다

여름에
가을에
겨울에 활약하는
꽃나무들이 있다

꽃나무들이 한꺼번에 활약하고
꽃나무들이 한꺼번에 쉰다면
세상은

별로 재미가 없을 것이다

세상은
별로 재미가 없는 정도가 아니라
너무 단조로워
고독사하는 이들이 만개할 것이다

백운동원림
꽃나무들이 활약하는 시기가 다르다

금목서꽃은 나비와 마주친 적이 없다

금목서꽃은
벌과 마주친 적은 있어도
나비와
마주친 적이 없다

금목서꽃이
나비가
서운하다는 말을 한 적이 없고
나비가
금목서꽃이
서운하다는 말을 한 적이 없다

금목서꽃의 머리에
나비가 없고
나비의 머리에
금목서꽃이 없는데
서로 서운하다는 말을 뱉을 리가

활약하는 때가 전혀 다른
금목서꽃과
나비

금목서꽃은
벌과 마주친 적은 있어도
나비와
마주친 적이 없다

수소실守素室이 나에게 차 한 잔을 권하다

유상곡수와
가장 가까이 지내는
수소실이 나에게 차 한 잔을 권한다

나뿐만 아니라
백운동원림을 찾은
먼 걸음을 한 길들에게
차 한 잔 하고 가라고
아예 다상을 차려 놓았다

끽다거喫茶去,
끽다거가
따로없다는 걸
수소실이 말이 아닌
행동으로 보여준다

용트림하는 대나무를
곁에 둔
수소실

유상곡수와

가장 가까이 지내는
수소실이 차 한 잔을 권해도
그걸 눈치챈
먼 걸음을 한 길들이 많지 않다

맥문동

백운동원림의 맥문동과 영랑생가의 맥문동은
뭐가 같고
뭐가 다를까

보랏빛,
보랏빛은 같은데
다른 건
뭘까

백운동원림의 맥문동과 백련사의 맥문동은
뭐가 같고
뭐가 다를까

보랏빛,
보랏빛은 같은데
다른 건
뭘까

3부

월남사

무위사가 다시 날개를 달다

월출산이 낳은
무위사가 다시 날개를 달았다

한때
극락보전으로 잘나간 무위사가
극락보전이 곱게 늙었다는 말이
더 이상 나오지 않을 정도로
늙는 바람에
날개가 꺾였는데
늦둥이 대적광전을 봐
다시 날개를 달았다

극락보전이 곱게 늙었다는 말이
더 이상 나오지 않을 정도로
늙은
극락보전은
극락보전대로
무위사를 위하여 힘을 보태고 있다

늦둥이
대적광전으로

젊은 피를 수혈한
무위사

월출산이 낳은
무위사가 다시 날개를 달았다

극락보전이 안도의 숨을 쉬다

곱게 늙었다는 말도
이제 사치가 된
극락보전이 안도의 숨을 쉰다

누구는
늦둥이 대적광전 때문에
극락보전이 위축되리라 생각하는데
그게 아니다

늦둥이
대적광전이 아니면
계속 업무에 시달려야 하는데
이제 업무로부터 벗어나게 된 것이다

은퇴할 나이가 지난 지 오래인
극락보전이
더 이상 업무에 시달리지 않도록
늦둥이 대적광전이 업무를 떠맡은 것이다

극락보전이 안도의 숨을 쉬는 것을
극락보전이 대적광전에 치여

한숨 쉬는 것으로
오독할까 무섭다

곱게 늙었다는 말도
이제 사치가 된
극락보전이 안도의 숨을 연달아 쉰다

무위사 가는 길

당간지주와 괘불을 구분하지 못한 시집인
『무위사 가는 길』이
세상에 내던져졌다

세상이
너무도 잘 받아냈다

당간지주와 괘불을 구분하지 못한 시집이
괘불을 당간지주로 잘못 안 걸
뒤늦게 알고서
안절부절못하였다

당간지주와 괘불을 구분하지 못한 시집이
세상이
자신을 너그럽게 이해할 수도 있고
자신을 뒷담화할 수도 있다는
생각을 떨쳐내지 못했다

당간지주와 괘불을 구분하지 못한 시집이
폐기처분,
폐기처분은

자신의 죽음을 의미하기에
폐기처분은 생각하고 싶지 않았다

괘불과 당간지주를 구분하지 못한 시집인
『무위사 가는 길』이
세상에 내던져졌다

극락보전

극락보전 안팎에
아미타삼존불이 계시다

극락보전 안팎에
아무타삼존불이 계셔도
무위사는
극락보전 안팎에
아무타삼존불이 계시다고
누구에게
떠들어댄 적이 없다

극락보전 안팎에
아미타삼존불이 계시는 걸 아는
먼 걸음을 한 길은
나 외에 또 누가 있을까

극락보전 안의
아미타삼존불과
극락본전 밖의
아미타삼존불 나무 세 그루

손에 쥐어주지 않으면
누구도 모르는
극락보전 안팎의
아미타삼존불

극락보전 안팎에
아미타삼존불이 계시다

월남사지삼층석탑이 기여하다

월남사지 대웅보전이 다시 태어나는 데
전설의 고향인
월남사지삼층석탑이 기여하였다

전설의 고향인
월남사지삼층석탑이 기준을 잡아주지 않았다면
월남사지 대웅보전의 탄생은
순산 아닌
난산이었을 것이다

앞으로도
다시 태어날 월남사지가 한둘이 아니기에
전설의 고향인
월남사지삼층석탑의 역할이
기대된다

대웅보전을 제외한
앞으로 또 태어날 월남사지는
전설의 고향인
월남사지삼층석탑의 자문을 구하여
태어날 것이다

월남사지 대웅보전이 다시 태어나는 데
전설의 고향인
월남사지삼층석탑이 기여하였다

월남사지삼층석탑이 빛이 바랠 것 같아도

다시 태어난 대웅보전 때문에
월남사지삼층석탑이 빛이 바랠 것 같아도
그렇지 않다

대웅보전이
다시 태어나는 데 기여한
월남사지삼층석탑이 오히려 더 빛난다

월남사지를 홀로 지켜온 세월이
얼마인데
다시 태어난 대웅보전 때문에
월남사지삼층석탑의 빛이 바래겠는가

한때 고민이 깊었던
월남사지삼층석탑의 빛이 바랜 게 아니라
다시 태어난 대웅보전 때문에
이제 고민이 얕아졌다고 해야 맞다

산전수전 다 겪고도
살아남은
전설의 고향

월남사지삼층석탑

다시 태어난 대웅보전 때문에
월남사지삼층석탑이 빛이 바랠 것 같아도
그렇지 않다

백련사는 지지 않는 연꽃이다

봄엔
먼 걸음을 한 길들을
동백꽃으로 죽여 주는
백련사는 지지 않는 연꽃이다

여름엔
먼 걸음을 한 길들을
배롱나무꽃으로 죽여 주는
백련사는 지지 않는 연꽃이다

가을엔
먼 걸음을 한 길들을
꽃무릇으로 죽여 주는
백련사는 지지 않는 연꽃이다

겨울엔
먼 걸음을 한 길들을
뭘로 죽여 주는지 모르는
백련사는 지지 않는 연꽃이다

백련사와 다산초당은 서로 멘토다

지지 않는 연꽃 백련사와
과골삼천 다산초당은
서로 멘토다

백련사가 갈 길이 어려울 땐
다산초당에게 자문을 구하고
다산초당이 갈 길이 어려울 땐
백련사에게 자문을 구한다

달리 말하면
백련사의 고민은
다산초당이 덜어주고
다산초당의 고민은
백련사가 덜어준다

내가 나에게
백련사와 다산초당이
서로 자문을 구하는 걸
서로 고민을 덜어주는 걸
봤냐고 묻는다

대답은 않고
삐긋이 웃는 나를
내가 말만 앞세운다고
놀린다

지지 않는 연꽃 백련사와
과골삼천 다산초당은
서로 멘토다

* 과골삼천踝骨三穿: 다산이 유배지에서 학문과 저슬에 힘쓰다가 복사뼈가 세 번이나 구멍이 났다는 데서 온 말이다.

다산초당이 사라진 뿌리의 길에 대하여 입을 봉하다

과골삼천
다산초당이 사라진 뿌리의 길에 대하여
어떻게 생각하냐고
내가 물어도 대답을 하지 않는다

삼정의 문란으로 피폐해진
조선 민중의 모습같은
뿌리의 길에 대하여
뿌리의 길이 사라지기 전에
다산초당에게 물었어야 했는데
때를 놓친 것이다

뿌리의 길에 대하여
뿌리의 길이 사라지기 전에
내가
다산초당에게 물었으면
다산초당이 대답했을까

뿌리의 길에 대하여
뿌리의 길이 사라지기 전에
묻는 것과

뿌리의 길이 사라진 뒤에
묻는 것이
차이가 없는 것은 아니나

뿌리의 길,
뿌리의 길
먼 걸음을 한 길들의 발목을 붙들던
뿌리의 길이
나에게 시를 몇 차례 안겨 줬지

과골삼천
다산초당이 사라진 뿌리의 길에 대하여
어떻게 생각하냐고
내가 물어도 대답을 하지 않는다

다산초당의 사유의 깊이를 잴 수가 없다

조선실학을 집대성한
다산초당의 사유의 깊이를 잴 수가 없다

내가 뭘 알아야
다산초당의 사유의 깊이를 재지란 말이
입에서 저절로 나온다

내가
다산초당의 사유에 대하여
알면 얼마나 알겠는가
알아도 수박 겉핥기 수준이니

과골일천도 아닌 내가
누구도 범접하지 못하는
과골삼천인 다산초당의 사유의 깊이를
재려하다니

무슨 일에
막무가내 달려드는
오지랖이 넓은
나

조선실학을 집대성한
다산초당의 사유의 깊이를 잴 수가 없다

남미륵사를 찾다

남미륵사라고
더위 먹지 말란 법이 어디 있는가
남미륵사는
더위를 어떻게 물리치나
알아보기 위하여
땡볕에 남미륵사를 찾았다
호기심, 잡담, 애매성 중에서
호기심이 발동하다니
내가 더위를 물리치는 데
남미륵사가 기여하고
남미륵사가 더위를 물리치는 데
내가 기여하면
이보다 좋을 수가 없는데
그게 어디 가능한 일인가
아미타대불 빼면 시체인
남미륵사, 아미타대불이
더위를 어떻게 물리치나 보면
남미륵사가
더위를 어떻게 물리치는지
그냥 알 수 있다
마음은 가시연이 장악한 연못에라도

뛰어들고 싶지만
그냥 그 자리에서 버티고 있는
아미타대불
그냥 그 자리에서 옴짝달싹 않는 게
더위를 물리치는 비결일 리가
남미륵사라고
더위 먹지 말란 법이 어디 있는가

4부

가우도 꿩독바위

갈대는 시치미의 달인이다

갈대는 시치미의 달인이다

갈대가
제 몸뚱일 흔들어
바람을 만들어
제 영혼을 바람에 싣고
뭘하고 다니는지
아무도 모른다

무얼하고 다니는지 몰라도
무얼하고 다니는 건 사실이다

무얼하고 다니면서도
무얼하고 다니는지
내색을 하지 않는
갈대들

갈대는 시치미의 달인이다

강진만 갈대밭에서

팔월 정오의 햇빛 아래
강진만 갈대밭을 쏘다니는 놈은
나밖에 없다

강진만 갈대밭을
독자치하는 재미를 맛보려고
내가 강진만 갈대밭을 쏘다니나

강진만 갈대들이
더위를
뭘로 물리치나 알고 싶어서나

강진만 갈대밭을 지켜보는
금사봉에게
눈도장을 찍고 싶어서나

금사봉 뿐만 아니라
우두봉도 만덕산도 비파산도
강진만 갈대밭을 지켜보는 것을

팔월 정오의 햇빛 아래

강진만 갈대밭을 쏘다니는 놈은
나밖에 없다

강진만과 나

하루에 두 차례 바다가 오르락내리락하는
강진만이
나에게
안겨 준 시가 너무 많아
다 거명할 수 없다

내 눈에 담긴
바다,
갈대,
백조,
윤슬이
다 시로 태어났으니

한 편의 시로
태어난 게 아니라
여러 권의 시집으로
태어났으니

우두봉이
금사봉이
만덕산이

비파산이
멀리서 지켜보는
강진만

내가
강진만에
꽂혀
시를 무더기로 낳은 것을
우두봉이
금사봉이
만덕산이
비파산이 알까

하루에 두 차례 바다가 오르락내리락하는
강진만이
나에게
안겨 준 시가 너무 많아
다 거명할 수 없다

가우도

보은산이 벗어
내던져버린 멍에를
바다가 받아낸 것을

가우도의
출생의 비밀을 아는 이는
나밖에 누구인가

멍에가
양날개를 가진
수상비행기로
다시 태어나다니

하루에 두 차례
오르락내리락하는
바다를
활주로 삼다니

보은산이 벗어
내던져버린 멍에를
바다가 받아내
나중 형편이 더 나아지다니

가우도 봉선화

해와 달 별빛만 챙긴 게 아니라
갈매기 울음소리도 챙겼다

해와 달 별빛만 챙긴 게 아니라
왜가리 울음소리도 챙겼다

해와 달 별빛을
갈매기 울음소리를
왜가리 울음소리를
적당히 챙긴 게 아니라
너무 많이 챙겼다

누가
만지지 않아도
저절로 터질 것이다

가우도

가우도가
죽섬에게만 신경쓰면
비래도가
서운해 할 거고

가우도가
비래도에게만 신경쓰면
죽섬이
서운해 할 거니

가우도가
비래도와
죽섬 양쪽에 신경쓰느라
정신이 없는 것을

죽섬과 비래도
양쪽 다
신경쓰지 않아도 되는
길이 있는 것을

죽섬과 비래도가

가우도를
신경쓰도록 하는
길이 있는 것을,
오히려

가우도의 밤
- 시아문학 문학기행

가우도의 밤을 찢기에는
언어의 연금술사를 꿈꾸는
먼 걸음을 한 길들이
너무 나이 들었다

몸이
마음을 따라주지 않는다

시쓰기보다
시낭송이 대세다

여류에 치인
누군가가
유태계는
부계가 아니라 모계라 한다

지금 바다가
배가 부르기 시작하는지
배가 꺼지기 시작하는지
모른다

달밤에
밖에 나갈 생각을
하지 않는 건
몸이 말을 듣지 않아서다

뜬금없는 길들이
찾아와
뜬금없는
덕담을 하고 돌아간다

가우도의 밤을 반도 못 찢고
여류들을 그 자리에 둔 채
남류들은
별관으로 사라진다

가우도의 아침

하루에 두 차례
바다가
어김없이 오르락내리락하듯
해 뜨기 전에
수탉이 어김없이 운다

가우도 수탉이 먼저 우는지
바다 건너
망호 수탉이 먼저 우는지
구분 못 할 정도로
양쪽에서 수탉이 운다

물때에 따라
아침바다가 배가 부를 때도 있고
아침바다가 배가 고플 때도 있는데
지금은
아침바다가 배가 부르기 시작하는 때이다

일찍 일어난 갈매기의 날갯짓이
일찍 일어난 왜가리의 날갯짓이
어깨를 들썩이며

하루에 두 차례 오르락내리락하는
바다의 몸짓을 빼다 박았다

하루에 두 차례
바다가
어김없이 오르락내리락하듯
해 뜨기 전에
수탉이 어김없이 운다

가우도 후박나무

죽은 지 사흘만도 아니고
죽은 지 여러 날만도 아니고
죽은 지 한 달도 더 지난 뒤에
다시 살아났다

어느 해
태풍에
임사체험을 단단히 한
후박나무

이 세상 나무들 중에
어떤 나무보다
죽음 가장 가까이 다녀왔다

하루에 두 차례 오르락내리락하는
바다가 지루하지 않는 건
강진만이 낳은
비래도와 눈빛을 주고 받기에

죽은 지 사흘만도 아니고
죽은 지 여러 날만도 아니고

죽은 지 한 달도 더 지난 뒤에
다시 살아났다

가우도의 달
- 윤슬

저 달이
꿩독바위를 객석 삼은
나에게
뭔가를 보여주지 않고는
배길 수 없을까

내가,
내가 바라는 게
뭔가를
바로 눈치챘을까

저 달이
나와
전혀 무관하게 행동한 것을
내가 오독하고 있는 걸까

달빛이
잔물결의 유혹에 넘어가
보석이 태어났나

달빛의 유혹에

잔물결이 넘어가
보석이 태어났나

달빛과
잔물결이 서로 꽂혀
보석이 태어났을 수도

하지만
태어난 보석이
나에게 범상치 않게 보이는 건
오독일지라도
저 달이
꿩독바위를 객석 삼은
나에게
뭔가를 보여주지 않고는
배길 수 없다고 생각되어서다

가우도 방파제

가우도의 밤을 찢어 불지 못하고
잠이 든 날
새벽 다섯 시 근처
닭울음소리가
나를 방파제로 불러낸다

나보다 먼저
방파제를 장악한
바닷게들이
내가 다가가자
혼비백산
내 앞에서 사라진다

미처 피하지 못한 놈들은
방파제 가장자리에
위태롭게
매달려 있다

본의 아니게
바닷게로 하여금
혼비백산하게 한

나

가우도의 밤을 찢어 불고
잠이 들었드라면
새벽 다섯 시 근처
닭울음소리가
나를 방파제로 불러내지 못했을 거고
바닷게들도
내 앞에서 혼비백산하지 않았을 것이다

꽃게 한 마리

가우도 가는 길
망호 지나는데
아스팔트에서
꽃게 한 마리가 헤매고 있다

급 제동을 하지 못하고
그대로 지나간 나를
꽃게 한 마리의 생사가
괴롭힌다

바다 밑이나 어기적거릴 일이지
괜히 육지로 나와
아스팔트에서 헤매다가
괜히 내 눈에 띈
꽃게 한 마리

꽃게 한 마리,
꽃게 한 마리 때문에
가우도의 밤이 편할 리 없다 하면
사삭스럽다 할 것이다

돌아가는 길에
확인하기에는
이미 지나가는
미식가인 바퀴들에 의해
흔적이 남아 있지 않을 것이다

가우도 가는 길
망호 지나는데
아스팔트에서 헤맨
꽃게 한 마리가
가우도에 몸을 맡길 나를 가만두지 않는다

가우도에서 영랑을 만나다

가고 싶은 섬
가우도에서
영랑을 만난다,
뜬금없는

가우도,
가우도에서
영랑을 만나리라고
누가 생각이나 했겠는가

인구에 회자한
「모란이 피기까지는」이
가우도로 하여금
영랑을 챙기게 한 거다

영랑이 맘에 들어하지 않은
「모란이 피기까지는」이
강진의 효자이자
강진의 얼굴마담 노릇하게 될 줄이야

영랑이 살아생전에

가우도를 직접 노래한 적 없어도
「황홀한 달빛」에 출연한 달이
강진만의 달인 게 분명하다

머무르고 싶은 섬
가우도에서
영랑을 만난다,
뜬금없는

가우도 꿩독바위

나로 하여금
입이 벌어지게 하는
꿩독바위는
자연산 등받이 소파

해와 달 별빛만 주야로
꿩독바위를
가만두지 않는 게 아니고
하루에 두 차례 오르락내리락하는
바다도 가만두지 않는 것을

비바람은
눈보라는
꿩독바위를 가지고
몸살을 하는 것을

달밤에
청춘남녀가
저 자리에
함께 앉아 있기만 해도
사랑은 절로 이루어진다는 걸

눈치채면
저 자리를 서로 차지하려 다투겠지

눈앞에서
달빛과 잔물결이 함께하여
태어난 보석이
사랑은 어떻게 하는가를
리얼하게 보여주니

나로 하여금
무릎을 치게 하는
꿩독바위는
자연산 등받이 소파

별이 빛나는 밤에

자연산 등받이 소파인
가우도 꿩독바위에 기대어
밤바다에 쏟아지는
별빛이 은신한
달빛을 지켜보는 재미가
쏠쏠하다

달이 가까이 있으면
촉을 못 쓰는
별빛은
달빛에 은신할 수밖에

오늘도
달이 가까이 있기에
별빛은
달빛에 은신하고 있는 것을

별빛이 은신한
달빛이
잔물결과 의기투합하여
태어난

보석 좀 봐

별빛이 은신한
달빛과
잔물결이 의기투합하는 걸
누구도
못 말리는 걸

밤하늘의 별들도
가우도 꿩독바위에 기대어
밤바다에 쏟아지는
별빛이 은신한
달빛과 잔물결이 의기투합하여
태어난
보석에 꽂힌
나를 지켜보는 재미가
쏠쏠할 것이다

가우도 왜가리

선택과 집중의 달인인
왜가리의 집단 서식지가
가우도인 게
필연인가
우연인가

먹이 사냥,
먹이 사냥은
외가리란 말을 들을 정도로
홀로 하는
왜가리

강진만 갯벌에서
먹이 사냥을 하는
백조는
떼로 다니는데
왜가리는
홀로 다니는 걸 보면

강진만 곳곳에
먹이 사냥을 나온

왜가리,
왜가리가
저물면 돌아가는 둥지가
가우도라니

존 스타인벡의 『생쥐와 인간』에서
캘리포니아 샐리너스 밸리에서
강물을 가로지르는 물뱀을 기다리는
왜가리는 나에게
부조리를 깨우치게 하였는데
가우도 왜가리는
나에게 뭘 깨우치게 하려나

선택과 집중의 달인인
왜가리의 집단 서식지가
가우도인 게
우연인가
필연인가

물과별 시선 18

백운동원림 정선대가 끝내주다

1판 1쇄 인쇄일 | 2025년 6월 5일
1판 1쇄 발행일 | 2025년 6월 10일

지은이　　김재석
펴낸이　　신정희
펴낸곳　　사의재
출판등록　2015년 11월 9일 제2015-000011호
주소　　　목포시 보리마당로 22번길 6
전화　　　010-2108-6562
이메일　　dambak7@hanmail.net
ⓒ 김재석, 2024

ISBN 979-11-6716-107-9 03810

지은이와 출판사의 동의 없이 이 책의 내용 중 전체 또는 일부를 인용하거나 발췌하는 것을 금합니다.

이 책은 전남문화재단의 후원을 받아 발간하였습니다.

값 12,000원